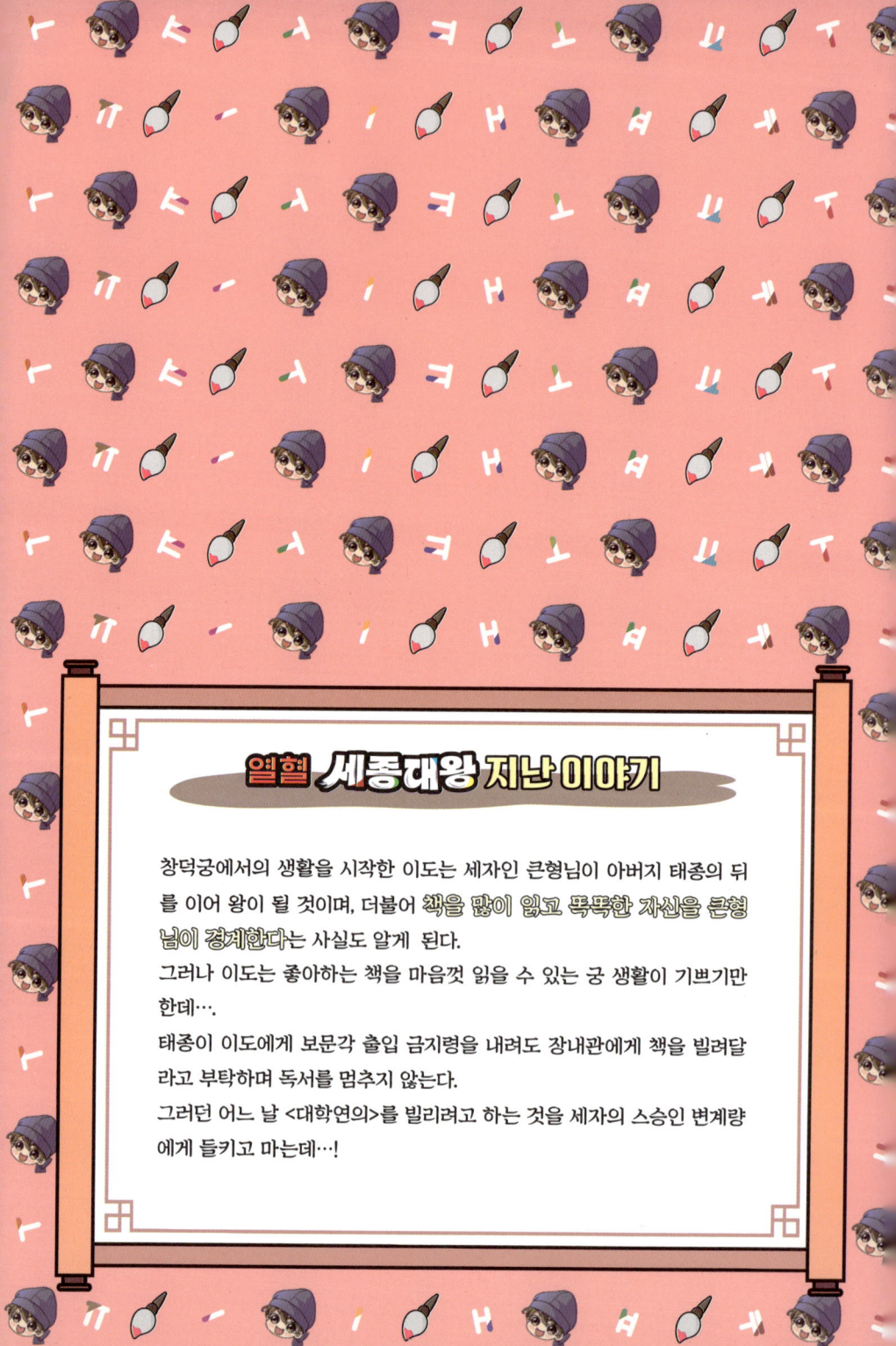

열혈 세종대왕 지난 이야기

창덕궁에서의 생활을 시작한 이도는 세자인 큰형님이 아버지 태종의 뒤를 이어 왕이 될 것이며, 더불어 책을 많이 읽고 똑똑한 자신을 큰형님이 경계한다는 사실도 알게 된다.
그러나 이도는 좋아하는 책을 마음껏 읽을 수 있는 궁 생활이 기쁘기만 한데….
태종이 이도에게 보문각 출입 금지령을 내려도 장내관에게 책을 빌려달라고 부탁하며 독서를 멈추지 않는다.
그러던 어느 날 <대학연의>를 빌리려고 하는 것을 세자의 스승인 변계량에게 들키고 마는데…!

② 엇갈린 형제의 마음

글 박지연 · 박한   그림 이지운   감수 이익주

감수의 글

안녕하세요, 역사학자 이익주입니다.

세종대왕은 우리 역사에서 가장 훌륭한 임금이었습니다. **누구보다도 백성을 사랑했고, 백성을 위한 정치를 하려고 노력했어요.** 그 결과 백성들이 쉽게 배워 쓸 수 있는 한글을 만들었고, 그 덕분에 지금까지도 우리 한국인은 세계에서 가장 우수한 문자를 사용할 수 있게 되었습니다.

그런데 **세종대왕의 업적은 특별한 점이 있어요.** 신하에게 시키기만 한 것이 아니라 자신이 직접 그 일을 했다는 겁니다. 한글을 만들 때 집현전 학자들의 도움을 받기는 했지만, 세종대왕이 가장 중요한 역할을 했어요. 과학 기술과 음악에 대해서도 깊은 지식을 가지고 있었지요. 세종이 어렸을 때, 독서를 무척 좋아해서 부모님이 밤에 책을 읽지 못하도록 할 정도였다고 해요. 그런데 어린 세종은 여느 어린이들과 다르지 않았을 거예요. 자기가 하고 싶은 일을 하겠다고 고집하고, 부모님과 주위 사람들의 칭찬을 받고 싶어했을 겁니다.

이 책은 세종대왕의 어린 시절부터 자세하게 이야기합니다. 평범한 왕자가 어떻게 위대한 임금으로 성장해 갔는지, 스물두 살에 임금이 되어서 32년 동안 어떤 업적을 남겼는지, 그런 업적을 남기기 위해 얼마나 노력했는지를 알 수 있을 거예요. 이 책을 읽고 세종대왕에 대해서 잘 알게 될 뿐 아니라 **세종대왕을 가진 우리 역사가 자랑스럽다는 생각도 함께 하기를 바랍니다.**

서울시립대학교
국사학과 교수 이익주

이 책의 특징

1 역사에 재미 더하기!

어린 세종대왕이 점차 성장해가는 모습을 역사에 근거한 가상의 에피소드를 통해 재미있게 그렸어요. 책읽기를 좋아하는 이도 왕자가 조금씩 발전해가는 성장 과정을 함께해봐요.

2 역사에 지식 더하기!

역사 속 인물과 사건들을 흥미롭게 소개했어요. 이익주 교수님의 질문 코너는 역사를 더 깊이 있게 이해할 수 있도록 도와줘요.

3 인물의 역사 한눈에 보기!

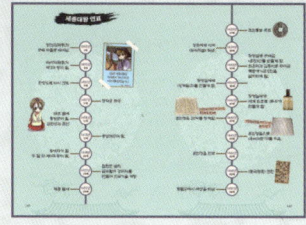

마지막에는 세종대왕의 인물 연대기가 있어요. 만화 속의 이야기가 해당하는 시대를 찾아보고, 그 시대에 일어났던 역사적 사건을 살펴보아요.

등장인물

태종의 첫째 아들 이제. 앉아서 글공부만 하는 것에 질려서 궁을 몰래 빠져 나가는 등 태종에게 반항한다.

세자

훗날 세종대왕. 태종의 셋째 아들 이도. 책에서 배운 것을 다른 사람 앞에서 꼭 밝히는 성격으로 세자의 미움을 받는다.

충녕대군

대호군 심온의 딸로, 첫사랑인 충녕대군과 가까워지기 위해 여러 가지 엉뚱한 작전(?)을 펼친다.

심인선

조선 제 3대왕으로, 장자인 세자가 글공부는 멀리 하고 동생인 충녕대군과 싸우려들자 세자를 심하게 야단친다.

태종

태종의 둘째 아들 이보. 다른 사람들의 눈에 띄지 않고 가늘고 길게 사는 것이 목표이다.

효령대군

태종의 셋째 딸로, 몸이 약한 편이다. 양반 집안에 시집간 후, 인선을 도와주기 위해 온양행궁을 떠난다.

경안공주

차례

- 하나 내관은 극한직업 ··· 6
- 둘 책 읽기 싫어하는 세자 ··· 24
- 셋 창덕궁 완공 기념 연회 ··· 48
- 넷 큰형님과의 대결 ··· 60
- 다섯 인선이의 첫사랑 작전 ··· 88
- 여섯 노비와 벗이 되다 ··· 110

역사 익힘책 ··· 142
진실 또는 거짓 ··· 146
세종대왕 연표 ··· 148

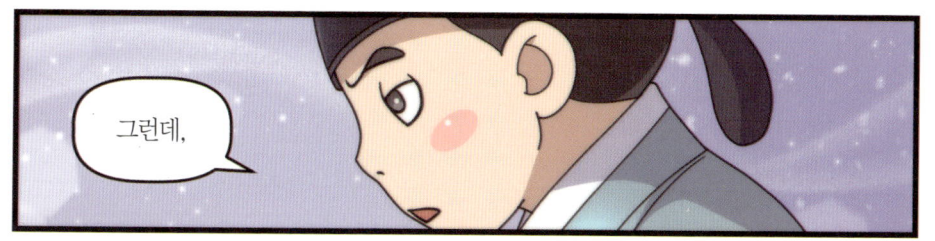

*구소수간(歐蘇手簡) 원나라의 두인걸이 송나라 구양수와 소식을 주고받은 짧은 편지를 모아 엮은 책.

책 읽기 싫어하는 세자

세자시강원

이, 이게 무슨…!

삐질 삐질

앞으로 닷새 동안 외워야 할 서책입니다.

지난 주에 못 외운 서책 다섯 권에,

이번 주에 외워야 할 서책 다섯 권, 총 열 권이옵니다.

충녕대군이 책 읽기에 미친 거랑,
내 수업이 무슨 상관인지 모르겠군요.
벌떡
홱
머리가 아파서 오늘 수업은 그만 하겠습니다.
바람 쐬러 나갈 테니, 따라오지 마시오.
쾅!
저, 저하!

세자가 마음을 잡고 공부에 전념토록 하는 데 힘쓰시오.

네, 명심하겠습니다.

무예가 뛰어나고 활발한 성격을 가진 세자가 앉아서 책만 읽기 힘들다는 것을 알고 있소.

하지만 장자인 세자가 반드시 *과인의 뒤를 이어 왕위에 올라야 하오.

전하의 뜻을 잘 받들겠사옵니다.

1차 왕자의 난

끄으으

과인이 왕위에 오를 때와 같은 일이 또 일어나게 해서는 안 되지 않겠소?

*과인 : 임금이 자기를 낮추어 이르는 말.

셋 창덕궁 완공 기념 연회

1405년

쿵덕
더 러 러 러
삘릴릴리
쿵덕

이제 상왕 전하만 한양으로 모셔 오면 되겠네요.

드디어 모두 모였구나.

매일 연회가 열리면 좋겠구나. 수업을 안 해도 되고….

저 연주곡 뭐예요? 너무 좋은데요?

글쎄…. 넌 참 알고 싶은 것도 많다.

*불찰 조심해서 잘 살피지 아니한 탓으로 생긴 잘못.

빠직

순수한 발언이지만, 세자 저하가 듣기엔 진짜 재수 없겠다. 쟤를 어쩌냐!

후유

엉엉

앗

넷
큰형님과의 대결

세자시강원

시작해 보거라.

부웅
이 녀석, 빨리 항복해라!
확실히 망신당하게 해 주마!
충녕대군 마마, 저러다 정말 큰일 나는 거 아니야?
빨리 멈춰야 합니다.
평소 운동이라고는 숨쉬기밖에 안 하는 분이 어찌 대결을….
크흡
헉헉…. 제법이구나.

어느덧,

충녕대군을 응원하는 사람이 늘어난다.

뭐야? 이게?

이도 녀석 망신을 주려고 한 건데…

진짜 짜증나는 녀석이야!

이제 더 이상 안 봐줘!

뭐야?

나 어떻게 피한 거지?

인, 인선이!

이렇게 하라고 했던가?

화

악

악!

으아악!

쿵

앗! 죄송해요. 세자 저하!

뜨악

저도 모르게 그만….

다섯
인선이의 첫사랑 대작전

심온 대감의 집

내 이름은 심인선.

할아버지가 조선의 개국공신인 심씨 가문의 장녀로 태어났다.

아버지의 사랑을
듬뿍 받으며

난 원하는 건
꼭 해야 하는
성격이다.

부족함 없이
자랐다.

지금 내가
하고 싶은 것은

내 맘을
흔들어 놓은

몰랐던 걸
아는 건 참
재미있어!

충녕대군을
다시 만나는 것!

나는
아바마마께서 정해 주는
상대와 혼인을 하여
연모가 뭔지 잘 모르지만,
정말 멋지구려.
네, 감사합니다.
내 그대의
첫사랑을 돕겠소.
충녕대군과
혼인하도록!
에?
혼, 혼인이요?
히죽

*기별 다른 곳에 있는 사람에게 소식을 전함.

온양행궁 출발일

공주마마, 대단하십니다.

편지 한 장으로 바로 허락을 받으시다니요!

어렸을 때부터 아바마마는 내 부탁을 거절하신 적이 없었지.

온천이라니…. 네 덕분에 간만에 바깥바람을 다 쐬어보는구나.

공주마마!

누님!

누님!

이번 여행에서 꼭 이도의 천생연분이 되겠어!

온천이다 온천~, 온천 물 속에서 책 읽을 수 있을까?

야호~! 아바마마 허락 받고 수업 땡땡이다!

관청 마당

지꺽

ㅋㅋㅋ

철퍼덕

주춤

키득 키득

야! 너!
우리 집 앞마당 좀
쓸어 줄래?

어, 어?

우리 집 돌쇠가
너무 늙어서 마당 청소가
시원치 않아서 말야.

지꺽

낄낄낄

다 네가 만든 거야?

와들 와들

도련님. 아니, 나으리!
제, 제발 용서해 주세요.
청소도 다 하고 시킨 일도 다 하고,
남는 시간에 만들었어요!
제발 불태우지 말아 주세요.

넙죽

어… 어?

불태우다니?
이렇게 멋진 작품들을
왜?

역사 익힘책 하나

조선 초기의
신 분 제 도

身 몸 신 分 나눌 분 制 절제할 제 度 법 도
개인의 사회적 신분이 광범위하고 세습적으로 고정된 계급 제도

신분 제도의 계층

신분 제도는 사람들을 태어난 신분에 따라 나누어 놓은 제도랍니다. 신분은 보통 부모의 신분을 따라갔기 때문에, 한 번 태어난 신분에서 벗어나기는 매우 어려웠지요.
신분은 크게 네 가지 계층으로 나뉘었어요.
양반은 나라를 다스리는 지배 계층이었어요. 관직에 나가거나 학문을 연구하는 사람들이었고, 대부분 많은 땅과 재산을 가지고 있었어요.
중인은 기술이나 행정 일을 하는 사람들로, 의사나 통역사, 천문학자 같은 전문직을 가진 사람들이었어요. 양반보다는 낮고, 일반 백성보다는 높은 위치에 있었어요.
상민은 가장 많은 수를 차지한 평민이었어요. 주로 농사를 짓거나 장사를 하고 살면서 세금을 내고 군역(군대에 가는 의무)을 졌어요. 법적으로 자유는 있었지만, 실제로는 양반의 지배를 받았지요.
천민, 특히 **노비**는 가장 낮은 신분이었어요. 이들은 양반이나 나라에 소속되어 일을 했고, 재산처럼 사고 팔 수도 있었어요. 거의 모든 일이 강제로 정해졌고, 자유가 없었어요.

조선시대에는 부모의 신분에 따라 자식의 신분이 정해지는 사회였어요. 사람을 태어난 집안이나 부모의 직업으로 판단하면 어떤 문제가 생길까요?

조선시대의 신분증 호패

오늘날의 신분증인 주민등록증처럼 조선시대에도 호패라는 신분증이 있었어요. 호패는 16세 이상의 남성들이 차고 다녀야 하는 신분증인데, 태종 때에 전국적으로 확대 실시되었답니다. 호패는 신분을 증명하는 것 외에도 각 집안을 명백히 알아보아 세금을 부과할 백성의 수를 파악하고, 신분 질서를 확립하는 등의 목적이 있었어요. 신분에 따라 상아, 녹각, 나무 등의 재료를 사용해서 만들었어요.

호패는 관리의 부정, 제작과 배포의 어려움, 민심의 반발 등으로 인해 몇 차례 폐지되었다가 다시 시행되기를 반복했지요. 그럼에도 조선 후기까지 존속하며 신분 사회를 유지하는 데 중요한 역할을 했어요.

▲ 호패

노비의 생활

우리 책에 나오는 막손이는 노비예요. 노비는 조선 시대에 가장 낮은 신분으로, 자유가 거의 없는 삶을 살았어요. 주인에게 속해 있었고, 주인이 시키는 일은 무엇이든 해야 했어요. 노비는 집안일, 농사일, 장보기, 심부름 같은 힘든 일을 주로 했어요. 주인집에서 같이 사는 경우도 있지만 따로 자기 집이 있는 사람도 있었고, 어떤 노비는 궁궐이나 관청에서 일하기도 했어요. 주인과 따로 사는 노비나 궁궐, 관청에 속한 노비는 자기 재산을 소유할 수 있었답니다. 부모가 노비면 자식도 자동으로 노비가 되었기 때문에, 힘든 삶이 대대로 이어졌어요. 마음대로 결혼하거나 이사도 할 수 없었고, 언제든지 팔리거나 다른 집으로 보내질 수도 있었죠.

역사 익힘책 둘

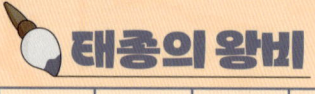

원경왕후

元 으뜸 원　敬 공경 경　王 임금 왕　后 후비 후

이방원과의 혼인

원경왕후는 고려 말에서 조선 초까지 살았던 여인이며, 조선을 세운 이성계의 다섯째 아들, 이방원의 부인이었어요.
고려말 권문세족인 여흥 민씨 집안 민제의 셋째 딸로, 집안의 권유로 이방원과 혼인했는데, 이때는 조선이 세워지기 전이었어요. 이방원은 무예가 뛰어나고 야망이 큰 인물이었고, 민씨는 여자로 태어났지만 정치적인 흐름을 잘 알기 때문에 둘은 마음이 잘 맞았지요.

태종의 조력자

조선이 세워진 뒤, 이방원은 조선 왕자의 한 사람으로 점점 힘을 키워나갔고, 그 과정에서 '왕자의 난'이라는 권력 싸움이 벌어졌어요. 이방원은 형제들을 제거하고 마침내 왕위에 올랐는데, 원경왕후는 두 차례 왕자의 난에 친정 집안을 동원하여 승리하게 함으로써 남편 태종을 권좌에 올린 여걸이었답니다.
그러나 이후 왕이 된 이방원과의 갈등이 시작되었어요. 강력한 왕권국가를 추구하던 태종은 외척들의 세력이 커지는 것을 막고 싶었어요. 그래서 원경왕후의 동생 네 명을 없앴지요. 친정이 무너지는 모습을 지켜봐야했던 원경왕후는 울분에 차서 몸도 쇠약해졌어요.

세자가 된 큰 아들

왕비가 된 뒤, 원경왕후는 자신의 아들을 왕세자로 세우는 문제로 큰 고민을 했어요. 원경왕후는 태종의 뜻대로 첫째 아들 '이제'가 세자가 된 만큼 왕위를 잇길 바랐지요. 하지만 이제는 자유롭고 외향적인 성격이었고, 외갓집에서 자라 민씨 집안 사람들과 가까웠어요. 태종은 이를 못마땅하게 여겼고, 결국 이제는 세자 자리에서 물러나 결국 양녕대군이 되었어요.
원경왕후는 자신의 뜻과 달리 셋째 아들 '충녕대군(훗날 세종대왕)'이 왕위에 오르는 것을 지켜봐야 했지요. 당시에는 세자 자리를 놓고 두 아들간의 경쟁이 치열했기에, 어머니로서 여러 감정이 교차했을 것입니다.

세종대왕의 어머니

원경왕후는 세종이 왕이 된 뒤 오래 살지 못하였어요. 1420년, 56살의 나이로 세상을 떠났고, 헌릉에 묻혔답니다. 이후 태종이 승하한 후, 태종도 원경왕후와 같이 헌릉에 묻혔어요.
세종대왕은 어머니를 매우 존경했고, 원경왕후는 태종의 비이자 세종대왕의 어머니로서, 든든한 기둥 같은 분이었어요.
원경왕후는 훌륭한 왕을 길러낸 지혜로운 어머니로도 높이 평가받고 있답니다.

▲태종과 원경왕후가 묻힌 헌릉

 ## 만화 속 역사
진 실 또 는 거 짓

충녕대군은 진짜 책을 좋아했을까?

→ 《세종실록》에는 충녕대군이 어릴 때 밤늦게까지 책을 읽다가 촛불이 꺼질 때까지 공부했다는 기록이 있어요.
"대군은 글 읽기를 좋아하여, 날마다 밤늦게까지 공부하였는데, 태종이 그것을 알고 책을 너무 오래 읽지 말라고 타이르셨다."

태종은 창덕궁이 건립되자, 창덕궁에서 계속 지냈다.

→ 태종은 경복궁을 국가적인 큰 행사에 사용했어요. 왕과 가족들은 새로운 궁궐인 창덕궁이 완성되자, 그곳으로 옮겨가서 계속 머물렀어요.

경안공주와 왕자들은 함께 온천 여행을 간 적이 있다.

→ 조선시대에 출가한 공주는 왕실의 신분은 유지하였지만, 혼인 이후 남편의 집안 사람이 되어야 했습니다. 특별한 이유가 있지 않으면 친정을 자주 왕래하거나 왕실 일에 자주 개입하는 것은 어려운 일이었지요. 출가한 공주가 왕자들과 함께 여행을 가는 것은 조선시대에 불가능한 일이었습니다.

세종대왕 연표

- **1397년 1세** — 정안군(태종)의 셋째 아들로 태어남.
- **1400년 5세** — 아버지(태종)가 제3대 왕이 됨.
- **1405년 9세** — 한양으로 다시 천도
- **1407년 11세** — 창덕궁 완공.
- **1408년 12세** — 태조 별세. 충녕군이 됨. 심인선과 혼인
- **1413년 17세** — 충녕대군이 됨.
- **1418년 22세** — 왕세자가 됨. 두 달 뒤 제4대 왕이 됨.
- **1420년 24세** — 집현전 설치. 금속활자 경자자를 만들어 인쇄기술 개량
- **1422년 26세** — 태종 별세

2권은 세종대왕의 10세에서 11세 사이의 이야기를 담았습니다.

*사진 출처
143쪽 호패 ⓒ 한국민족문화대백과사전

*저작권자를 찾지 못한 일부 사진은 확인되는 대로 허락을 받겠습니다.

글 박지연 · 박한   **그림** 이지운   **감수** 이익주

1판 1쇄 발행 | 2025년 5월 14일
1판 3쇄 발행 | 2025년 12월 10일

펴낸이 | 김영곤
TF팀장 | 김종민
기획편집 | 이희성   **마케팅** | 김지선 정성은
북디자인 | designS   **외주편집** | 주인공 이정아
영업팀 | 정지은 한충희 장철용 강경남 황성진 김도연 이민재
제작 관리 | 이영민 권경민

펴낸곳 | (주)북이십일 아울북
등록번호 | 제406-2003-061호   **등록일자** | 2000년 5월 6일
주소 | 경기도 파주시 회동길 201(문발동) (우 10881)
전화 | 031-955-2155(기획개발), 031-955-2100(마케팅·영업·독자문의)
팩시밀리 | 031-955-2421
브랜드 사업 문의 | license21@book21.co.kr

ISBN 979-11-7357-130-5
ISBN 979-11-7357-128-2 (세트)

Copyright©2025 by Book21 아울북. All rights reserved.
First edition printed 2025. Printed in Korea.
이 책을 무단 복사·복제·전재하는 것은 저작권법에 저촉됩니다.

· 잘못 만들어진 책은 **구입하신 서점**에서 교환해 드립니다.

· 제조자명 : (주)북이십일
· 주소 및 전화번호 : 경기도 파주시 회동길 201(문발동) / 031-955-2100
· 제조연월 : 2025. 12. 10.
· 제조국명 : 대한민국
· 사용연령 : 3세 이상 어린이 제품

무적 이순신!

7 지켜야 하는 것

이순신 장군의 이야기를 가장 생생하게 만나다!
위인 학습 만화로 재미있게 시작하는 초등 역사 입문

무적 이순신
살펴보러 가기

화제의 아동학습만화 시리즈
〈무적 이순신〉 최신작

서울시립대 국사학과 이익주 교수 감수
골목대장 소년 이순신이
임진왜란을 승리로 이끈 장군이 되는
생생한 성장 스토리

초등 전 학년 | 박지연, 박한 글 | 정수영 그림 | 이익주 감수

보문고, 예스24, 알라딘, 쿠팡 등 온라인 서점 및 전국 오프라인 서점에서 만나볼 수 있습니다.

우주로 냐왕
③ 가자, 달을 향하여!

우주 최강 고양이, 냐왕의 유쾌하고 짜릿한 지구 탈출기와 특별한 우주 특강!

우주먼지 지웅배 박사 감수

우주 탐험을 꿈꾸는 어린이 필독서!

이야기 속에서 자라나는
과학적 사고력과 탄탄한 기초 지식

초등 전 학년 | **다영** 글 | **웰시코기사이클링클럽** 그림 | **지웅배** 감수

교보문고, 예스24, 알라딘, 쿠팡 등 온라인 서점 및 전국 오프라인 서점에서 만나볼 수 있습니다.